AF383904

LE MOT

DE

CAMBRONNE

PAR

PIERRE LAROUSSE

Auteur de la *Flore latine.*

> J'ai des chants pour toutes nos gloires,
> Des larmes pour tous nos malheurs.
> CASIMIR DELAVIGNE.

PARIS

LAROUSSE ET BOYER, LIBRAIRES-ÉDITEURS

49, RUE SAINT-ANDRÉ-DES-ARTS, 49

1862

LE MOT DE CAMBRONNE [1]

LA GARDE MEURT ET NE SE REND PAS!

A la funeste journée de Waterloo, Cambronne commandait une des divisions de la vieille garde. Cette division fut anéantie presque tout entière. On raconte que, entouré de toutes parts par des masses ennemies et sommé de se rendre, il répondit par ces mots héroïques : » *La garde meurt et ne se rend pas!* »

Cette phrase, en quelque sorte testamentaire de la vieille garde, fut rapportée quelques jours après l'événement par un journal de Paris, l'*Indépendant*, qui devait s'appeler successivement l'*Écho du soir*, le *Courrier*, le *Journal du Commerce*, et enfin le *Constitutionnel;* reproduite immédia-

---

tement par le *Journal Général*, le *Journal de Paris* et le *Journal des Débats*, qui venait d'abandonner définitivement son titre de *Journal de l'Empire*, elle retentit dans toute la France et fut attribuée au commandant de l'héroïque bataillon, à Cambronne. Eh bien, cette cause, jugée au lendemain de Waterloo, est encore pendante aujourd'hui, *adhuc sub judice lis est;* mais avant d'entrer nous-même dans la discussion, nous allons laisser la parole à un historien et à un littérateur.

Voici le dernier épisode de la bataille de Waterloo, raconté par M. Thiers dans son vingtième volume de l'*Histoire du Consulat et de l'Empire :*

« L'histoire n'a que quelques désespoirs sublimes à raconter, et elle doit les retracer pour l'éternel honneur des martyrs de notre gloire, pour la punition de ceux qui prodiguent sans raison le sang des hommes !

» Les débris des bataillons de la garde, poussés pêle-mêle dans le vallon, se battent toujours sans vouloir se rendre. A ce moment, on entend ce mot qui traversera les siècles, proféré, selon les uns, par le général Cambronne, selon les autres, par le colonel Michel : *La garde meurt et ne se rend pas !*

» Cambronne, blessé presque mortellement, reste étendu sur le terrain, ne voulant pas que ses soldats quittent leurs rangs pour l'emporter. Le 2ᵉ bataillon du 3ᵉ de grenadiers, demeuré dans le vallon, réduit de 500 à 300 hommes, ayant sous ses pieds ses propres camarades, devant lui des centaines de cavaliers abattus, refuse de mettre bas les armes et s'obstine à combattre. Serrant toujours ses rangs à mesure qu'ils s'éclaircissent, il attend une dernière attaque, et, assailli sur ses quatre faces à la fois, fait une décharge terrible qui renverse des centaines de cavaliers. Furieux, l'ennemi amène de l'artillerie, et tire à outrance sur les quatre angles du carré. Les angles de cette forteresse vivante abattus, le carré se resserre, ne présentant plus qu'une forme irrégulière, mais persistante. Il dédouble ses rangs pour occuper plus d'espace et protéger ainsi les blessés qui ont cherché asile dans son sein. Chargé encore une fois, il demeure debout, abattant par son feu de nouveaux ennemis. Trop peu nombreux pour rester en carré, il profite d'un répit afin de prendre une forme nouvelle, et se réduit alors à un triangle tourné vers l'ennemi, de manière à sauver en rétrogradant tout ce qui s'est réfugié derrière ses baïonnettes. Il est bientôt assailli de nouveau. — *Ne nous rendons pas !* s'écrient ces braves gens, qui ne sont plus que cent cinquante. — Tous alors, après avoir tiré une dernière fois, se précipitent sur la cavalerie acharnée à les poursuivre, et avec leurs baïonnettes tuent des hommes et des chevaux, jusqu'à ce qu'enfin ils succombent dans ce sublime et dernier effort. Dévoûment admirable, et que rien ne surpasse dans l'histoire des siècles ! »

Ainsi l'historien de l'empire enregistre la sublime réponse ; mais il hésite entre le général Cambronne et le colonel Michel.

D'après M. Victor Hugo, la réponse de Cambronne serait beaucoup plus soldatesque, mais d'une énergie bien autrement terrible si l'on se reporte à la circonstance ; elle ne consisterait que dans un seul mot, le plus trivial de toute la langue, et qu'il n'appartient qu'au génie d'oser écrire en toutes lettres. Voici la page, que nous empruntons aux *Misérables* :

LE DERNIER CARRE

« Quelques carrés de la garde, immobiles dans le ruissellement de la déroute comme des rochers dans de l'eau qui coule, tinrent jusqu'à la nuit. La nuit venant, la mort aussi, ils attendirent cette ombre double, et, inébranlables, s'en laissèrent envelopper. Chaque régiment, isolé des autres et n'ayant plus de lien avec l'armée rompue de toutes parts, mourait pour son compte. Ils avaient pris position, pour faire cette dernière action, les uns sur les hauteurs de Rossomme, les autres dans la plaine de Mont-Saint-Jean. Là, abandonnés, vaincus, terribles, ces carrés sombres agonisaient formidablement. Ulm, Wagram, Iéna, Friedland, mouraient en eux

» Au crépuscule, vers neuf heures du soir, au bas du plateau de Mont-Saint-Jean, il en restait un. Dans ce vallon funeste, au pied de cette pente gravie par les cuirassiers, inondée maintenant par les masses anglaises, sous les feux convergents de l'artillerie ennemie victorieuse, sous une effroyable densité de projectiles, ce carré luttait. Il était commandé par un officier obscur nommé Cambronne. A chaque décharge, le carré diminuait et ripostait. Il répliquait à la mitraille par la fusillade, rétrécissant continuellement ses quatre murs. De loin les fuyards, s'arrêtant par moment essoufflés, écoutaient dans les ténèbres ce sombre tonnerre décroissant.

» Quand cette légion ne fut plus qu'une poignée, quand leur drapeau ne fut plus qu'une loque, quand leurs fusils épuisés de balles ne furent plus que des bâtons, quand le tas de cadavres fut plus grand que le groupe vivant, il y eut parmi les vainqueurs une sorte de terreur sacrée autour de ces mourants sublimes, et l'artillerie anglaise, reprenant haleine, fit silence. Ce fut une espèce de répit. Les combattants avaient autour d'eux, comme un fourmillement de spectres, des silhouettes d'hommes à cheval, le profil noir des canons, le ciel blanc aperçu à travers les roues et les affûts ; la colossale tête de mort que les héros entrevoient toujours dans la fumée au fond de la bataille, s'avançait sur eux et les regardait. Ils purent entendre dans l'ombre crépusculaire qu'on chargeait les pièces ; les mèches allumées, pareilles à des yeux de tigre dans la nuit, firent un cercle autour de leurs têtes ; tous les boute-feu des batteries anglaises s'approchèrent des canons, et alors ému, tenant la minute suprême suspendue au-dessus de ces hommes, un général anglais, Colville, selon les uns, Maitland, selon les autres, leur cria : « Braves Français, rendez-vous ! » Cambronne répondit : « M.... ! »

. . . .

» Le lecteur français voulant être respecté, le plus beau mot peut-être qu'un Français ait jamais dit ne peut lui être répété. Défense de déposer du sublime dans l'histoire.

» A nos risques et périls,, nous enfreignons cette défense.

. . . .

» Au mot de Cambronne, la voix anglaise répondit : « Feu! »
Les batteries flamboyèrent, la colline trembla, de toutes ces bou-
ches d'airain sortit un dernier vomissement de mitraille épouvan-
table; une vaste fumée, vaguement blanchie du lever de la lune,
roula, et quand la fumée se dissipa, il n'y avait plus rien. Ce reste
formidable était anéanti, la garde était morte. »

Ici, la question continue à s'obscurcir. Victor Hugo, par
une raison qui sent son romantisme d'une lieue, nie le
mot, et le remplace par cinq lettres que nos lecteurs ont
devinées.

Quelques jours après l'apparition des *Misérables*, M. Cu-
villier-Fleury, l'élégant et spirituel rédacteur des *Débats*,
s'élevait contre la crudité de l'expression et demandait
une enquête.

Les éléments de l'enquête ne se firent pas attendre; un
journal de Lille, l'*Esprit public*, venait de révéler qu'un des
derniers débris du bataillon de Cambronne, Antoine Deleau, vivait obscurément dans une petite commune du
département du Nord. Ce vieux brave fut mandé à la pré-
fecture de Lille, et, à quelques jours de là, le *Moniteur* pu-
bliait le procès-verbal suivant :

PRÉFECTURE DU NORD

Nous, préfet du Nord, etc;
Une publication récente du journal hebdomadaire l'*Esprit pu-
blic*, insérée dans plusieurs journaux, relatant que le sieur Deleau
(Antoine-Joseph), adjoint au maire de la commune de Vicq, canton

de Condé, arrondissement de Valenciennes, département du Nord, ancien soldat de la garde impériale, avait conservé notion certaine du fait mémorable auquel il a pris part à la bataille de Waterloo et des paroles attribuées à Cambronne, et S. Exc. M. le ministre de l'intérieur nous ayant chargé, par lettre du 27 juin courant, d'approfondir la question, nous avons fait appeler ledit sieur Deleau, né à Vicq le 2 avril 1792, et, aujourd'hui encore, adjoint au maire de ladite commune de Vicq.

Ses souvenirs militaires ont paru être, en effet, de la plus grande précision et empreints d'autant de calme que de bonne foi.

Nous avons prié le sieur Deleau de venir avec nous dans le cabinet de S. Exc. M. le maréchal de Mac-Mahon, duc de Magenta, à son quartier général à Lille, où étaient M. le général de division Maissiat, commandant la 3ᵉ division militaire, et M. le colonel d'état-major Borel, premier aide de camp de S. Exc. le maréchal.

Le sieur Deleau s'est exprimé en ces termes :

« J'étais à Waterloo dans le carré de la garde, au premier rang, en raison de ma grande taille ; j'appartenais à la jeune garde, n'ayant encore que vingt-trois ans ; mais on sait que la jeune garde avait été appelée à combler alors les cadres de la vieille. L'artillerie anglaise nous foudroyait, et nous répondions à chaque décharge par une fusillade de moins en moins nourrie.

» Entre deux décharges, le général anglais nous cria : « Grenadiers, rendez-vous! » — Le général Cambronne répondit (je l'ai parfaitement entendu, ainsi que tous mes camarades) :

« *La garde meurt et ne se rend pas !* » — Feu ! dit immédiatement le général anglais.

» Nous serrâmes le carré et nous ripostâmes avec nos fusils. — » Grenadiers, rendez-vous; vous serez traités comme les premiers » soldats du monde! » reprit d'une voix affectée le général anglais. « *La garde meurt et ne se rend pas!* » répondit encore Cambronne, et sur toute la ligne, les officiers et soldats répétèrent avec lui : « *La garde meurt et ne se rend pas!* » Je me souviens parfaitement de l'avoir dit comme les autres.

» Nous essuyâmes une nouvelle décharge et nous y répondîmes par la nôtre. « Rendez-vous, grenadiers, rendez-vous! » crièrent en masse les Anglais, qui nous enveloppaient de tous côtés. Cambronne répondit à cette dernière sommation par un geste de colère accompagné de paroles que je n'entendis plus, atteint en ce moment d'un boulet qui m'enleva mon bonnet à poils et me renversa sur un tas de cadavres.

» Je déclare donc avoir entendu prononcer par le général Cambronne, à deux reprises : « *La garde meurt et ne se rend pas !* » et ne lui avoir pas entendu dire autre chose. »

Cette précision circonstanciée de souvenirs au sujet d'un fait historique de haute importance, et le caractère honorable du témoin, nous ont déterminé, en conséquence, à rédiger le présent procès-verbal, que ledit sieur Deleau a signé avec nous.

A Lille, le trente juin mil huit cent soixante-deux.

ANTOINE DELEAU,

Grenadier de la vieille garde (2ᵉ rég.)

Le maréchal de France, commandant

le 2ᵉ corps d'armée,

Le préfet du Nord,   Maréchal DE MAC-MAHON, DUC DE MAGENTA.

VALLON.

Le colonel d'état-major,   *Le général de division, commandant*

aide de camp,   *la 3ᵉ division militaire,*

BOREL.   AD. MAISSIAT.

En présence d'une déclaration aussi solennelle, il semble qu'on n'ait plus qu'à s'incliner. Toutefois, il reste à entendre un dernier témoignage, le plus important de tous.

Voici en quels termes M. le comte Michel, fils du général Michel, tué à côté de Cambronne dans le dernier carré de Waterloo, écrivait le lendemain au rédacteur en chef de l'*Esprit public :*

A Monsieur e rédacteur en chef de l'*Esprit public*.

Angoulême, 1" juillet 1862.

« Monsieur,

» Je lis dans un des derniers numéros de l'*Esprit public*, dans un article signé Charles Deulin, qu'un nommé Antoine Deleau, ancien grenadier de la vieille garde, aurait déclaré avoir entendu le général Cambronne, entouré d'ennemis, s'écrier : « *La garde meurt et ne se rend pas !* »

» Je suis trop fier de la gloire de mon père pour laisser passer sans y répondre une pareille affirmation, et pour ne pas hautement revendiquer pour le général comte Michel l'honneur d'avoir prononcé ces sublimes paroles (et non d'autres) sur le champ de bataille de Waterloo.

» Je viens donc, monsieur le rédacteur en chef, faire appel à votre loyale impartialité, et vous prier de vouloir bien insérer dans un des plus prochains numéros de votre journal les trois déclarations suivantes que j'oppose à celle de M. Deleau.

» Je prends ces témoignages parmi beaucoup d'autres, produits officiellement dans une requête que mon frère, lieutenant-colonel Michel, et moi, avons adressée en 1845 au Conseil d'État, lors de l'inauguration de la statue du général Cambronne, à Nantes.

» La première de ces déclarations émane de M. Magnant, lieutenant-colonel en retraite à Vernon (Eure), et se trouve dans une lettre adressée à M. le général baron Harlet :

« Mon général, au reçu de votre lettre, je m'empresse de vous
» mettre à même de répondre de suite à madame la comtesse Mi-
» chel ; vous pouvez assurer à cette dame qu'étant en garnison à
» Lille (en 1821), où commandait alors le général Cambronne, je le
» complimentai sur les sublimes paroles qu'on disait qu'il avait pro-
» noncées sur le champ de bataille de Waterloo ; il affirma ne les
» avoir jamais prononcées ni entendues ; que sûrement elles avaient
» été dites par un autre de ses camarades ; qu'il voudrait le con-
» naître pour lui faire rendre l'honneur qu'elles devaient lui
» mériter. »

» La deuxième déclaration est une lettre de M. le maire de la ville de Nantes à M. le préfet de la Loire-Inférieure :

« Le général, dont chacun connaît la simplicité antique et l'ex-
» trême modestie, s'est toujours défendu personnellement d'avoir
» prononcé ces paroles, disant à la vérité *que c'était le cri de l'armée*
» *tout entière*; mais sans que jamais, dans ses épanchements les
» plus intimes, il ait proféré le nom du général Michel ou de tout
» autre. »

» La troisième déclaration, enfin, est du général Bertrand, qui ne lui a pas donné la forme d'une lettre, mais l'a consignée sur une pierre détachée du tombeau de l'Empereur, à Sainte-Hélène.

» Le général y a écrit :

« A la comtesse Michel, veuve du général Michel tué à Waterloo,
» où il répondit aux sommations de l'ennemi par ces paroles su-
» blimes : *La garde meurt et ne se rend pas !* »

« Signé, Bertrand. »

» Veuillez agréer, monsieur le rédacteur, etc.

» Comte Michel,

» *Préfet de la Charente.* »

Cette protestation de la famille du général Michel n'était pas la première. Cambronne étant mort le 28 janvier 1842, Nantes, sa ville natale, fut autorisée par une ordonnance du 5 décembre suivant, à élever à l'illustre général une statue au bas de laquelle fut gravée la fameuse réponse : « *La garde meurt et ne se rend pas !* » Aussitôt M. le comte Michel, capitaine au 45me de ligne, et M. le baron Michel, auditeur au conseil d'État, tous deux fils du lieutenant général tué à Waterloo, adressèrent au roi une requête demandant la suppression des paroles qu'ils considéraient comme une propriété de famille. Le ministre de l'intérieur, consulté à ce sujet, émit l'avis qu'il n'y avait pas lieu d'annuler l'ordonnance, par le motif qu'aucune de ses dispositions n'autorisait la ville de Nantes à graver sur le monument les paroles revendiquées en faveur du général Michel ; et le conseil d'État, *sans s'expliquer sur le fond du débat*, décida que l'ordonnance, n'ayant point été délibérée en conseil, ne pouvait pas être annulée sur le recours de MM. Michel.

Cette réponse n'était qu'une fin de non-recevoir, le gouvernement se déclarait incompétent, et se plaçait en dehors du débat, qui restait enfermé tout entier entre la famille Michel et la ville de Nantes.

Mais ce qui est incontestable , et ce qui achève de faire disparaître les derniers doutes, c'est que Cambronne lui-même, cet homme simple et franc, qui voulut toujours se soustraire aux questions le concernant, désavoua la phrase académique dans de nombreuses circonstances. Selon lui, son refus avait été accompagné d'un mot énergique, que sa rude franchise rend plus vraisemblable. Il avait une prédilection marquée pour les cinq lettres. Lors de son retour d'Angleterre, où il avait été emmené prisonnier après Waterloo, on le priait souvent de répéter sur le même ton le fameux mot. « Il hésitait, dit M. Ed. Fournier (1), jusqu'à ce que les dames fussent sorties, puis il le lâchait avec la plus héroïque énergie, et alors tous les

____

(1) *De l'Esprit dans l'Histoire.*

cœurs de battre, toutes les narines de frémir. Une fois, cependant, pressé par une dame charmante de lui dire le fameux mot, Cambronne tâcha de s'exécuter : «Ma foi, » madame, je ne sais pas au juste ce que j'ai dit à l'officier » anglais qui me criait de me rendre; mais ce qui est cer- » tain, c'est qu'il comprenait le français, et qu'il m'a ré- » pondu : Mange ! »

Cette dernière anecdote ne manque pas de sel, et nous comprenons qu'elle tranche la question aux yeux de ceux qui veulent de *l'esprit dans l'histoire*. Pour ceux qui cher- chent avant tout la vérité, et qui écrivent *pour prouver, non pour raconter*, de simples anecdotes ne suffisent pas. Nous nous sommes donc livré à de nouvelles recherches, et voici un dernier fait qui témoigne singulièrement en faveur du général Michel. Que faut-il, en effet, pour juger en dernier ressort ? C'est le témoignage, mais le témoignage *authentique*, de Cambronne lui-même. Eh bien, nous croyons avoir trouvé cette preuve décisive, ou plutôt, c'est un de nos lecteurs qui la découvrira au moyen du fil d'Ariane que nous allons lui donner. Quelques jours après la révolution de 1830, la ville de Nantes fêta, dans un banquet, le retour aux idées libérales, et elle appela à la présidence de cette réunion patriotique son grand citoyen, qui, depuis 1822, vivait dans un des faubourgs, au milieu de la plus pro- fonde retraite. «Là, dit M. Levot (1), aujourd'hui archi- viste de la marine à Brest, Cambronne désavoua formel- lement les célèbres paroles qu'on lui attribuait.»

(1) *Biographie bretonne.*

Il s'agit maintenant de mettre la main sur un journal de Nantes, année 1830, où figure certainement le compte-rendu du banquet. Il est plus que probable que la circonstance en question y est relatée. La Bibliothèque impériale ne renferme que des collections incomplètes, et ce n'est qu'à Nantes même que le nœud gordien peut être tranché.

.   .   .   .

Mais le procès-verbal ? nous dira-t-on.

Voici notre réponse :

Tout le monde sait à quoi s'en tenir sur l'authenticité des prouesses personnelles narrées depuis quarante ans par nos vieux grognards : c'est un laurier qu'ils ont planté, qu'ils ont vu naître, qu'ils ont arrosé, rafraîchi, — Dieu seul sait combien de fois ! — de leurs mains victorieuses ; il a poussé dans leur mémoire de si profondes racines, que Polyphême lui-même serait impuissant à l'en arracher. C'est le roman habillé en histoire, *de bonne foi.*

Ainsi, nous ne nous inscrivons nullement en faux contre le procès-verbal du 30 juin dernier, et le brave grenadier Deleau a bien entendu, *de ses propres oreilles,* sortir de la bouche de Cambronne la phrase cicéronienne qui a pour père le lieutenant général Michel, tué à Waterloo.

Casimir Delavigne a richement enchâssé l'héroïque réponse dans ses *Messéniennes :*

> Parmi des tourbillons de flamme et de fumée,
> O douleur ! quel spectacle à mes yeux vient s'offrir !
> Le bataillon sacré, seul devant une armée,
> S'arrête pour mourir.

C'est en vain que, surpris d'une vertu si rare,
Les vainqueurs dans leurs mains retiennent le trépas
Fier de le conquérir, il court, il s'en empare :
La garde, avait-il dit, *meurt et ne se rend pas!*

On dit qu'en les voyant couchés sur la poussière,
D'un respect douloureux frappé par tant d'exploits,
L'ennemi, l'œil fixé sur leur face guerrière,
Les regarda sans peur pour la première fois.

On dénature, on parodie les plus belles choses : *Corruptio optimi pessima.* Le cri suprême de Waterloo a donc eu le sort du poëme de Virgile ; et Scarron s'appelle ici Balzac et Alexandre Dumas :

L'Angleterre voulait avoir un hippopotame femelle. Elle s'était adressée à Abbas-Pacha, qui, n'ayant rien à refuser à l'Angleterre, avait placé quatre pêcheurs sur les bords du Nil blanc, pour lui pêcher le premier hippopotame qu'une mère mettrait bas sur un des nombreux ilots du fleuve. Quant à prendre vivant un hippopotame adulte, il n'y faut pas penser : *Les hippopotames meurent, et ne se rendent pas.*

ALEX. DUMAS, Causeries.

Le patron a inventé le châle-Sélim, *un châle impossible à vendre,* et que nous vendons toujours. Nous gardons dans une boîte de bois de cèdre très-simple, mais doublée de satin, un châle de cinq à six cents francs, un des châles envoyés par Sélim à l'empereur Napoléon. Ce châle, c'est notre garde impériale ; on le fait avancer en désespoir de cause : *Il se vend, et ne meurt pas.*

HONORÉ DE BALZAC, Gaudissart II.

PARIS. — IMPRIMERIE ÉDOUARD BLOT, RUE SAINT-LOUIS, 46.

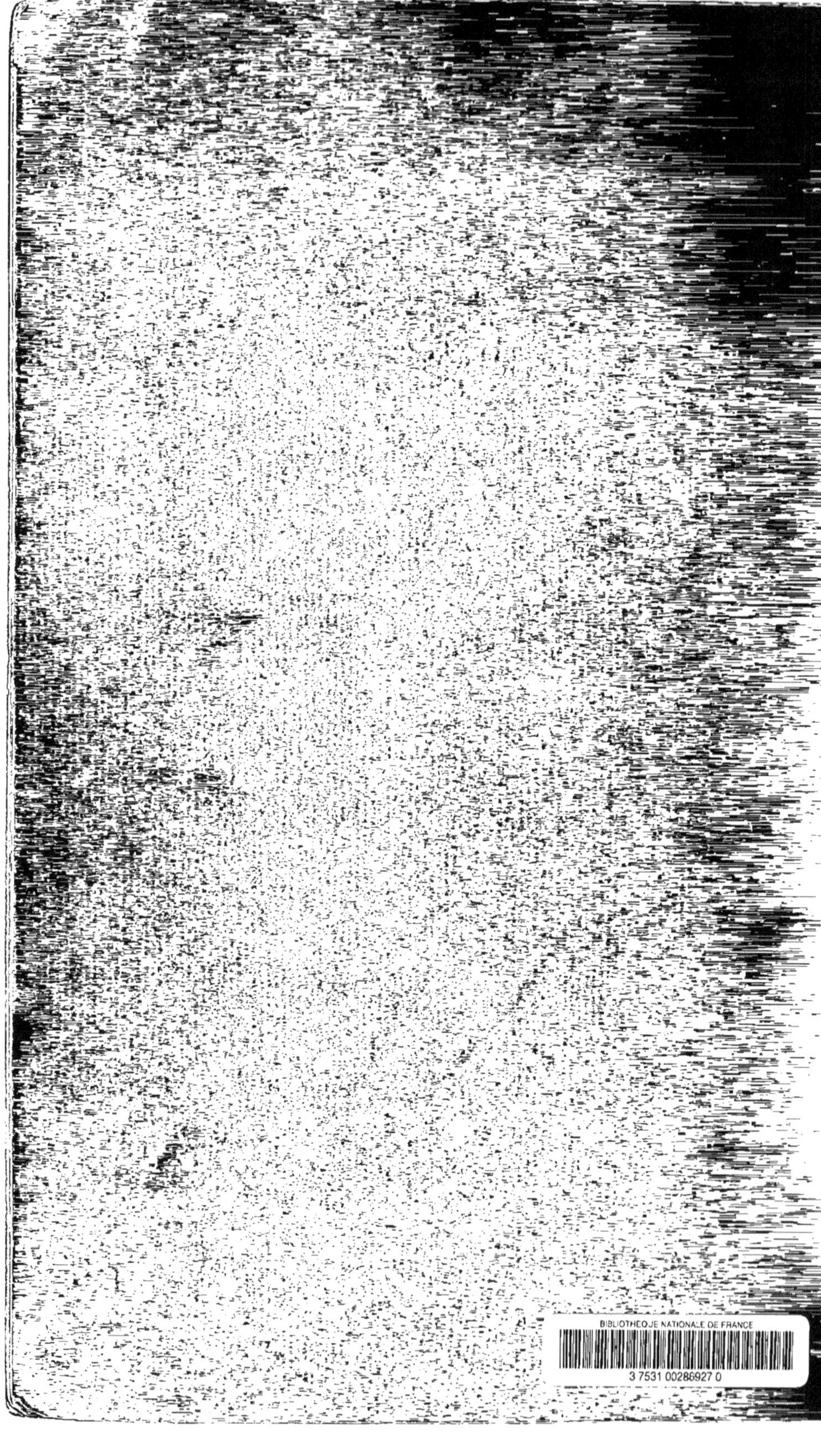

www.ingramcontent.com/pod-product-compliance
Ingram Content Group UK Ltd.
Pitfield, Milton Keynes, MK11 3LW, UK
UKHW020915140726
13695UKWH00006B/2550